es 1507
edition suhrkamp
Neue Folge Band 507

Durs Grünbein, geboren 1962 in Dresden, lebt seit 1985 in Berlin. Sein erstes Gedichtbuch *Grauzone morgens* erschien 1988. Es folgten: *Schädelbasislektion*. Gedichte (1991); *Falten und Fallen*. Gedichte und *Den Teuren Toten*. Gedichte (beide 1994).

Durs Grünbein erhielt den Georg-Büchner-Preis des Jahres 1995.

»... die erste genuine Stimme der neuen Republik.
Grünbein hat mit seinen Gedichten die deutsche Literatur schon jetzt, im Alter von 33 Jahren, bereichert und ihr einen neuen, unverwechselbaren Ton geschenkt.«
Frank Schirrmacher, Frankfurter Allgemeine Zeitung

Foto: Volker Lewandowsky

Durs Grünbein

Grauzone morgens

Gedichte

Suhrkamp

Geschrieben 1985-1988

edition suhrkamp 1507
Neue Folge Band 507
Erste Auflage 1988

Erstausgabe

Satz: LibroSatz, Kriftel
Druck: Nomos Verlagsgesellschaft, Baden-Baden
Umschlagentwurf: Willy Fleckhaus
Printed in Germany

2 3 4 5 6 7 – 00 99 98 97 96 95

I

Grauzone morgens

DEN GANZEN MORGEN GING dieses Geräusch gleich förmig und offenbar unterirdisch dieses Geräusch so unablässig daß kaum jemand es hörte

dieses Geräusch tausender Reißwölfe einer un sichtbaren Institution die jeden lebendigen Augenblick frisch vom Körper weg wie Papier kram verschlangen.

GRAUZONE MORGENS, mon frère, auf dem
Weg durch die Stadt
heimwärts
oder zur Arbeit (was macht das schon) –

Alles passiert jetzt in Augenhöhe. Den
ersten Gesichtern, kantig und
hart, fehlen
nichts als die schwarzen Balken
über den Augen, ausgelöscht für die

diskrete Kartei aller Zeugen des
stillen Smogalarms (morgens
halb 6).

Und es ist diese Zähigkeit (zäh:

WIE DAS DEUTSCHE SAGT), daß sie schräg
gegen den Kopfschmerz gehn und das
Rauschen der Filter-
anlagen in uns.

Etwas das zählt (gleich am Morgen) ist
        dieser träge zu dir
herüberspringende Chromblitz eines
                                        Motorrads. Der Sommer

restlos abgekühlt, liegt in den letzten
        Zügen. (Einverstanden,
                                        was neues). Du

im Museumszwielicht am Fenster kaust
        Kaugummi, weil es die beste
                                        Arznei ist gegen
Barockphobie. Pünktlich wird Herbst,
                kommen die Depressionen
                        von Stuhlreihen vor einer
leeren Freilichtbühne seit Regen-

gedenken nicht mehr bespielt. Zwei, drei
        Arbeiter wickeln Stoffbahnen,
                    heben das Dielenholz aus den
                            Rahmen. Du winkst ihnen
                                        zu. Manchmal

ist nichts leicht banaler als ein
        Gedicht, eine erste Tagung
                            so früh am Morgen auf den
erstarrten Flügeln der Motte, die sich

sehr weich anfühlt in deiner Hand.

MUNDTOT FRÜHMORGENS genügt schon
ein einzelner Mann
alles ringsum
in sich aufzusaugen wie hinterm
erstbesten Stellwerk am Nebengleis
dieser pissende Kerl. Unkraut und
brauner Schotter
soweit der Blick reicht. Ein Radio
nölt späte Beatles-
Verzweiflung, die ›Let it be‹-
Orgel schwimmt unterbrochen vom Lärm
eines vorüberfahrenden Güter-
zuges mit
Evergreen-Kühlwaggons,
zeitlupenhaft langsam, ganz nah und
betäubend: giftiges Grün auf die
rostigen Gleise schmierend in mono-
toner
Trauer von
Leguanen im Zoo oder Südfrucht-
kisten voller Bananen, verfault.

EINE HAGERE FRAU morgens
unterwegs zum Betrieb ein
wenig schwankend als sic
die Fahrbahn betritt –

häßliche dünne Beine mit
blauen Flecken ein lila
Kleid weiße Tragetasche
zerkratzt wenn sie sich

umdreht siehst du ihr
junges Gesicht mit dem
Ausdruck der Müdigkeit
unverändert nach Wochen

tot aufgefunden. Wer kennt
diese Person? Wer hat sie
zuletzt gesehn? Wer kann

nähere Angaben machen?

In diesen Breiten ruft man die Dinge
nicht an, jeder weiß das: kein
Grund zur Beschwörung. Wer morgens

aufwacht braucht nur den Wecker zur
Orientierung, das Radio meldet sich
pünktlich von selbst mit den

vertrauten Tiefseegeräuschen. Bei jedem Ist-
Satz wird es ein wenig heller und
später (›Daß du das
aushältst . . .‹).

tagebuch 51° nördlicher breite: frei
von Traumbelag kommen dir
selten Entzugs-
erscheinungen längs

all der funkelnden Schienen an die
geheftet du durch den Tag
gleitest, als wäre

Zeit nicht diese genetische Droge oder
irgendein Code für den
unmerklichen Junkie-Rhythmus im Blut.

›Die meisten hier, siehst du, sind süchtig
nach einer Wirklichkeit wie
aus 2ter Hand . . .‹, sagte er. ›Keiner
kann lassen
von dieser eiskalten Reizworthölle, den
Massen zersplitterter Bilder
am Morgen
unterwegs durch die Stadt, eingesperrt in

überfüllte Straßenbahnen, gepanzert auf
engstem Raum (Hieß das nicht . . .
Entropie?).

Stell dir vor: ein Café voller Leute, alle
mit abgehobenen Schädeldecken, Gehirn
bloßgelegt
(Dieses Grau!) und dazwischen
nichts mehr was eine Resonanz auf den
Terror ringsum
dämpfen könnte. Amigo, du
würdest durchdrehn bei diesem einen
nerventötenden Sinuston von
garantiert 1000 Hz . . .‹.

AN DIESEM MORGEN GINGEN die 80er Jahre
zuende mit diesen Resten der
70er, die wie die
60er schienen: nüchtern und wild.

›3 Jahrzehnte mit einer Hoffnung im Off . . .‹

Nimm dir ein Negativ (und vergiß): diese
Warteschlangen sich kreuzend an
Haltestellen, die Staus im
Berufsverkehr, total

eingefrorene Gesten am Zeitungskiosk, die
Mißverständnisse (›Sind Sie
verletzt?‹) –
(›Kennen Sie DANTE?‹). Du sahst wie sie

warteten, manche vom Glanz ihrer Exile
vereinsamt. Die Luft (sonst
unverwundbar)
war voller Szenen aus
Chaplinfilmen, ein
Wirbel grauer Pigmente davor, Tag und
Nacht grauer Regen vom
Kohlekraftwerk über der

toten Ähnlichkeit aller toten arm- und
beinlosen Engel auf den
Ruinen ringsum. Also schön,

dachtest du: dieser Ort
so gut wie ein anderer
hier in Mitteleuropa
nach Sonnenaufgang mit

galoppierenden Wolkenherden und frühem
Stimmengewirr wie vom Sog
eines Hafens

erfaßt . . . Ist es das? während du weiter-
machst, dich erwärmst, ein paar
Fremde grüßt gähnend
(›Ein Gähnender!‹) über-
drüssig der Tautologien, des Hungers, der

langsamen Einführung in diesen Tag.

Gerade an solchen Morgen
da man im billigsten Hotel-
zimmer einer Kleinstadt
eingenistet aus Faulheit ins
Waschbecken pißt –

während draußen
das letzte Lied durch ein
Werkstor verschwindet
und niemand sich nach ihm
umdreht, niemand die
Münze aus dem Asphalt kratzt

oder zurückgeht dahin
wo er beim Frühstück hastig
das Stehenbleiben der Uhr
registrierte –

gerade an solchen Morgen
ist die Gastfreundschaft
der Toten geduldig
an ihren streng geheimen Ver-

sammlungsorten das einzige
wofür es sich lohnt
alles wegzuschmeißen.

SPÄTER DANN WAR ES die silbrige Leucht-
spur haarfein durch den
frostklaren
Himmel gezogen, die wie eine riesige
Sicherheitsnadel die beiden
Hälften des Morgens
zusammenhielt. Schwer zu

beschreiben: als dieses erste Licht
halbwegs vergessen war, spürtest du
plötzlich die Schwerkraft

in deinen Knochen. Alles schien dir
verkürzt (›Eine
Ordnung nie dagewesen . . .‹) und du

gingst wie benebelt im Ätherrausch
über den dröhnenden
Labyrinthen der Industrie.

Also von vorn: manche Tage beginnen wie
alte Schellackplatten total zerkratzt mit
einem Knistern (›Was man so Arien nennt . . .‹).

Eine der ersten Arien, umsonst: es gibt
Blicke kaum auszuhalten auf nüchternen
Magen. Sagt jemand ›Zieh Leine!‹, du denkst,

du hörst nicht recht, aber du siehst die
erloschenen Männer allein oder gruppen-
weise palavernd, die Schemen verbrauchter

Frauen vorm Bahnhofsklo (unterhalb der
Statistik). Mann, was für kaputte Visagen!
befreit vor erblindeten Abteilfenstern zu

Comicfratzen zerhackt. Eine wahre Caruso-
arie von ergrauten Blicken. Alte, die
früh am Morgen den Hund ausführen und

Flaschensammler im Selbstgespräch entlang
einer Häuserzeile, die von Erinnerung trieft:
Vorkriegs-Akkordeonseligkeit, heimliche

Liebe in Luftschutzkellern, der Aufruhr der
Fliegen im letzten Akt . . . Und wie gut

tut dieser irre Blick eines Ferkels, von
innen erleuchtet im Schaufenster der
Metzgerei. (Du bist endlich erwacht).

Langsame Einfahrt in die zerstörte Stadt.

Gesehen ganz wie
von neuem (geschockt):

diese Viehtransporter
vollgestopft mit

geduldig blökenden
Schafen und Massen

dreckiger Rinder
steifbeinig äugend

durch schmale Ritzen
im Holzverhau. ›Da war

nichts zu machen da
mußte man durch . . .‹.

Was für ein Lärm
auf den Straßen in

dieser Morgenstunde

unterwegs nach dem
Schlachthof die

alten Hundertopfer
›Hinunter den goldenen

Abhang der Frühe‹.

WAS ALLES KLAR WIRD an so einem Morgen. Du
bist noch immer
derselbe wie gestern
oder
jedenfalls scheint es so, ganz
egal was
du selbst von dir hältst. (›Lieber erstickt
als erfroren‹, sagen die
Leute hier, aus Erfahrung.) In dieser

Grauzonenlandschaft am Morgen
ist vorerst alles ein
toter Wirrwarr abgestandener Bilder, z. B.
etwas Rasierschaum im
Rinnstein, ein Halsband
oder im Weitergehn ein Verbotsschild. Du

fliegst nicht auf. Vor den letzten Ruinen
haften Eltern für ihre
Kinder (was hier so
Brauch ist). Und schon
bist du eingeschlossen
geduldig im Leib des Tausendfüßlers, der
seinen Gang geht.
Entlang der Straßen tobt
architektonischer Kalter Krieg, stalineske
Fassaden, an denen noch immer
kein Riß sichtbar wird
(TRAUM oder TRAUMA)

Videos

Prince Brat & the
Whipping Boy

430

schattenlos
wie der idiotische alte Zeppelin schwarz
über ›Europas Balkon‹.

An diesem Morgen war alles Blau von den
Wänden gewaschen, der Himmel
sauber wie
selten sonst, du
erinnerst dich noch: die

Plejaden fand man bei ›P‹ in den Lexika
oder in Sapphos Gedichten
und das Azur
war ein Zitat auf dem unverhofft schönen

Plakat für die
erste
deutsche
Fliegerin

Melli Beese-
›Eine Frau in den Lüften . . .‹

(mit diesem Lächeln jahrhundertwendselig
und froh
der noch neuen Art von
Erfolg).

WENN ES NACH EINER Amerikanischen Nacht
einen Morgen genauso
künstlich
oder von
frischem Grau gibt, dann ist es einer
wie der: so ein
freundlicher Testbildmorgen.

›Auf jedem Bildschirm dieselbe Scheiße!‹

Mea piscilla (im Bett) sieht mir zu wie ich
verschiedene Hemden probiere
(Flanell oder
was sonst) . . . – eine
Wandinschrift in Pompeji?

Da ist dieser Trick mit der Zeit. Jeder
Gang durch die Vorstadt macht, daß du
älter wirst ohne dich jemals zu fühlen

wie eine
Frau (irgendein neues
Gefühl, eine
heilsame Schizophrenie) –
›von den Gedichten
die ramponierten, von den Graffitis die

hingeschmierten‹ –
Es wird eine lange Kur
brauchen ehe wir restlos entgiftet sind.

Amabo, Amabis . . . Amabunt

Kühl beim Durchqueren der Lattenzaun-
schatten war diese Luft
gesprenkelt von
Morgengerüchen, noch anonym. Erster Rauch

trieb vor mir her und das Hundegebell
aus den Schrebergärten
klang wie beim
Aufbruch aus einem Sammellager gedämpft.

Schiefer Nomade, wach endlich auf! (In der
Mund-Höhle Eisengeschmack) . . . wo du
nicht bist, da fegt dieser Wind
über die trockenen
Hochlandsteppen des Nordiran o
transsibirisch
für ein unhaltbares Ich.
In meinem Mantel
gilbte vergessen ein Zettel mit einer Fall-
Tabelle lateinischer Verben . . .
dissoziiert.

Eine einzige silberne Büchse

Sardinen plattgewalzt
zwischen den Gleisen &
an den Seiten quillt

überall Sauce raus rot
wie Propangasflaschen
(& ziemlich

bedeutungsarm) sie allein
unter sovielem Strandgut
im Landesinneren hält schon

was dieser Morgen an Schönheit verspricht.

II

Trilce, César

An manchen Tagen wußten wir einfach
nichts Bessres zu sagen als
›Gleich passierts‹ oder ›Geht
schon in Ordnung . . .‹ gelangweilt in

überheizten Bibliotheken wo unsere Blicke
bevor sie glasig wurden wie
Rauchringe schwebten
unter den hohen Kassettendecken
alexandrinischer Lesesäle. Die
meisten von uns

wollten fort (nach New York oder
sonstwohin): Studenten mit

komisch flatternden Stimmen
gescheiterte Pläne umkreisend immer im
Aufwind und manche vor

melancholischer Anarchie süchtig
nach neuen Totems, Idolen
gestriger Revolutionen und dem
zum x-ten Mal
akupunktierten Leib der Magie. Man kam
ziemlich billig wenn man den ganzen Tag
dort verbrachte (besonders

im Winter) zwischen den
kurzen Pausen allein

mit seinen postlagernden Sorgen miets-
schuldig, die Stille wie
Nervengas aus den Büchern
saugend all dieser
sanften Bestien (. . .) und manchmal
gab es selbst dort im Einerlei
dieses Treibhausklimas ein wenig
lebendige Überraschung -
(Trilce, César!). Ich

erinnere noch genau eines Nachmittags
im Sommer das
raschelnde Zwielicht als ich
beim Scheißen aus einer Nebenzelle der
Bibliothekstoilette
gedämpftes Atmen und Stoß auf Stoß
schnell sich steigern hörte: mein Herz
flog plötzlich auf und ich
erschrak wie ein ganzer
Schmeißfliegenschwarm vor dem

Liebesspiel zweier Männer die stumm
aneinander arbeiteten
schwitzend und selbst-
vergessen wie fremde
kentaurenartige Wesen auf einer

überbelichteten Fotografie.
Schwer zu vergessen mit welcher
Erleichterung sie nachher
frischgekämmt jeder
hochrot und mit cremigem Teint

einzeln an mir vorübergingen und nur
ein Augenzwinkern (durch mich
hindurch) verriet mir:
Sie hatten sich kennengelernt.

No. 3

Reglos für Augenblicke ähneln sie
Spinnen von fern wie sie an
speichelsilbrigen Fäden hängen oder

Matrosen in blitzender Takelage vor
Hochhausfenstern, die das Licht
gegenüberliegender Hochhausfenster spiegeln,

Fassadenkletterer in derselben nervösen
Schwingungsstille wie das
kaum merkliche
Flimmern der Iris beim Aufblick.

Später sieht man aus Stahlseilen
feingeknüpft ihre Kokons
hoch über Straßenschluchten gehängt,
die gespenstischen Schaukeln.

Kein Wunder, daß sie so leicht sind.
Was für seltsame Lebewesen
in diesem kalten Monat November.

An der Elbe

›Wie gesagt . . . irgendwas scheint
überschritten.‹ Ich
weiß nicht, doch
streune ich manchmal ganz

grundlos diesen vergifteten Fluß
entlang, zähle
die Enten und un-
verwüstlichen Schwäne und dann
geschieht's, daß ich an all
diese Flußgötter denke (im Blick
den vorüber-
treibenden Unrat: Papierfetzen und
Blechkanister, etwas

Polystyrol) als hätte es sie (die
Orgasmen der 3000
Töchter des Okeanos) überhaupt
nicht gegeben und
jeder Zufluß
wirft neue Blasen zartleuchtender
Chemikalien auf, an-
gewidert spucke ich von der

kahlen Uferterrasse herab, fühle
mich unbehaglich (der

›Held im Film‹) und
bewundere später ein Paar strom-
abwärts keuchender
alter Männer
beim Jogging.

Verdorbene Fische

›Erschrick nicht, wenn du die Krusten
    Brots, die Kartoffelschalen weg
wirfst, am Boden der Futtertonne

liegt wohl ein Halbdutzend verdorbener
    Fische (Makrelen) mit steif
aufgerichteten Schwänzen und starren

Augenringen, die Bäuche geschlitzt, nein
    erschrick nicht, es ist ein
so sinnloser Anblick, verzeih . . .‹

No. 5

Wo sich die Fliegen begatten zuckend
        in ihrer längsten Sekunde am
dreckigen Tischrand der Autobahnbar saß ich

und starrte durch Schlieren hinaus auf die

Tankstelle im Regen die Spanischen Reiter
        und in unablässigen Schemen
dahinter die Autokolonne wie Schorf
aus dem Innern der Erde.

        Dort sah ich Antaios
gewandelt zum Schaufelbagger der
        mastodontisch sich am
Chausseerand entlangfraß: Hüter der

Ausfallstraßen in ein gerodetes Land

und zwischen Kettenspuren blieb diese
        Kabelrinne häßlich zurück und
anderntags tief ins Gedächtnis gegraben

die morgendliche Gewißheit:
        Wie diese Erde aufgerissen stinkt.

No. 8

Dieses Staunen wie hell selbst die
        abgeschiedensten Vorstadtwege
in einer Neuschneenacht liegen –
                                        da war sie wieder
die Untrüglichkeit der Haikus.

Oder ein andermal Meister Bashô als dieser
        bleiern sich windende Fluß
                                                die Elbe

Kloake mit ihren wenigen quellebendigen

Wirbeln längst ölgeworden doch
        eines Morgens wieder entufert lag –
Diese Freude der Überschwemmung! Diese

plötzlich so unscheinbar eingebetteten
        Brücken! Es war als irrten
die Landungspontons strudelnd in Seenot
                                        Möwenspähtrupps zogen
an weichen Vorgebirgsrändern vorbei und die

Regenfluten brachten das Einerlei des
        verdammten Elbtalkessels zum
Brodeln. Nicht wahr: eine seltene Suppe.

Denk nicht ich sei gehässig Bashô. In mir
        ist nicht einmal was übrig blieb
von ›alten Soldatenträumen‹ kein ›Sommergras‹ –

lauthals zu sein: ich habe es satt so ganz
        gramgesättigt zu leben von einem
undurchdringlichen Augenblick an den

nächsten gespannt in einer Stadt alternd
        in notgedrungenem Schweigen in dieser
Talversunkenheit schwerer Kuppeln und

schmaler durchbrochener Türme – Dresden
        grausam zurückgebombt um ein
weiteres kaltes Jahrhundert der Müdigkeit
        und betriebsamen Enge die Straßen
                        voll Echos verhohlener Echos.

(Wie das den Tag füllt: die alten
        Alarmrituale von Straßenbahnen und
Mittagssirenen der ganze Lärm der abends
        längst aufgelöst ist in ein
beliebiges Nichts.) Denn so regelmäßig

arbeiten der Kühlschrank mein Herz und
                        am Fenster
magisch die beinereibende Fliege daß es
        fast scheint alles sei jetzt im
Einklang Matsuo – irgendein zen-

buddhistischer Witz und die letzten
Redensarten ringsum wie
Speisereste verteilt.

Dieser Tag gehört dir

Undurchdringliche Augenblicke eng
aneinandergereiht wie
Gerüchte im Schein einer immerfort
gestrigen Politik, eine

Folge schnell wechselnder Grau-
samkeiten, das
Nonsens-Ping-Pong-
Geschwätz einiger Zeitungs-
leser auf einer Parkbank und du
wie du die Windstille

genießt unter niedrigem Himmel (im
Schauspielhaus gegenüber proben sie
Shakespeare . . . ›Wir Hu-
manisten . . .‹).
Du wartest und
beugst dich vor zwischen
Kinderwagen und
Scharen räudiger Tauben die

einen Wirbel machen beim Füttern –
Du siehst ihre Köpfe ab-
getrennt
blutig im Rinnstein, ein
schillernder Tagtraum, ringsum

bespritzte Statisten in einem
Attentatsfilm (›Der
Mord an Leo Trotzki‹) oder das übliche

Kino des Status Quo
Minus . . ., aber dann
schlenderst du einfach
ein wenig weiter zur
nächsten Kreuzung sehr
langsam, denn
dieser Tag gehört dir.

›Aids‹

Als diese Krankheit aufkam hing ich
eben in einer von diesen
Imbißbuden und las Kung-Fu-Tse (im
›lun yü‹) weil die
Spaghetti nach einer Viertel-
stunde noch immer nicht kamen, es war

wie verhext hier unter Plastikklängen
in dieser sachlichen
Zellophanshow erotischer Blicke, vorm
Fenster Verbrüderungsfresken und
Abendhimmel wie Seen voller
ungestillter Farbbegierden der Wolken schien
seine Lehre mir plötzlich

absurd. Die Gesetze des Himmels und
welche Dienste die Söhne den
Vätern, die Lebenden
ihren Ahnen schulden, die Riten und
aller Kanon vom
reinen Leben: wem galt das? Uns? Tag und
Nacht diese Dauerströme von

Informationen, die unsichtbaren Bakterien-
stämme der Worte, ein
riesiger Gallerthaufen aus schlaffen

Kondomen und fischgräten-
steifen Pessaren, befruchtete Eizellen
auf Eis kurz vorm Start

in ein vielversprechendes Leben mit
Voodoo-Zauber und maschinellem
Brave-New-World-Komfort zwischen Urlaut
&
›mega-corpse‹,
Steinzeit und kybernetischem Traum-
soviel

Verdauung ringsum, solche Spuren von
Heiterkeit im Vorbeigehn, Millionen
Augenpaare gebannt von den Fernseh-
orakeln am Abend. Fehlt nur
die ›Richtigstellung der Worte‹, was?
(Kung-Fu-Tse, heißt es,
kam ohne Pathos aus, seine Lehre war
wunderbar leicht, nur ein wenig
Musikkult, das ›Buch der Lieder‹ und
alles Naheliegende, das er
mit Zähigkeit festhielt: ›Bin ich ein

Kürbis Zi-lu, bloß zum Ansehn . . .?‹)

Was du nur willst,
hör ihm gut zu, dachte ich, sei
entspannt, aber dann

tauchte zum erstenmal ›AIDS‹ auf im
Radio beinah so
›selbstverständlich‹ wie diese
Neonreklame im Schaufenster
gegenüber, die
wächsernen Mannequins neben
Möbeln (preisgesenkt). Ein Gelächter fing

Feuer, ich bezahlte den Kellner und
irgendwer
schrie wie seit Stunden von allen
Wespen der Erinnerung dicht
umschwärmt bis zum Stimmbruch, da
ging ich raus.

Nullbock

Prenzlauer Berg sonntags die dunstige
Schwüle in den von
Autos verstopften Straßen. Ein Junge
in Jeans

streichelt ein Mädchen lässig beim
Telefonieren am Apparat dicht
vor der Hauswand zersplittertes Glas. Sagt
›Nichts los heut‹ und wendet

sich um in die Richtung aus der
der Schrei eines
verunglückten Kindes kommt aus-

gestreckt wenige Meter vor dem
zerquetschten Ball.

›Nimm es an!‹

Soviele Tage in denen nichts sich
ereignete, nichts als die
knappen Manöver des Winters, ein paar

Schneehügel morgens, am Abend längst
weggetaut und der seltsame
Augenblick im Kasernenviertel war

ein exotisches Flugblatt: als dieser
kleine Soldatentrupp Russen in
grünem Filzzeug schweigend ein

Zeitungsbündel bewachte und ich las
»КОММУНИСТ« obenauf und
es fiel mir die Zeile ein ›Denk

an die Uhr am Handgelenk
Jackson Pollocks.‹

Grund, vorübergehend in New York zu sein

Da war diese grüne Hülle der Zahlungs-
fähigkeit, ein Gefühl kurze Zeit
oben zu sein . . . schnell verwelkt.

Und irgendwer hat dir ein Fliegenpapier
an den Rücken geheftet, du
ahnst es schon (›incommunicado‹).

Müde Heimkchr nach einem Abend voller
Geschwätz delirierender kleiner
Sorgen fast ohne
Anstrengung. Verflucht

bist du klebrig Süßer, am ganzen
Körper, die Poren mit un-
scharfen Linsen von Schweiß

ausgefüllt. ›Viertel nach 2 . . .‹, und ›Kein
Traum in Aussicht . . .‹, nur
diese ziellose Müdigkeit. In New York

hättest du todsicher jetzt den
Fernseher angestellt, dich zurückgelehnt
blinzelnd
vom Guten-Morgen-Flimmern belebt.

Badewannen

Was für liebliche klare Objekte doch
Badewannen sind makellos
emailliert ganz unnahbar mit dem

heroischen Schwung rundum gußeiserner
Alter Ladies nach ihren
Wechseljahren noch immer frisch.

Typische Immobilien (wann hätte jemals
sich eine von ihrem Fleck
gerührt) sind sie doch immer

wieder von neuem gefüllt, aller Dreck
aufgelöst in die Kanalisation
fortgespült muß unfehlbar

durch dieses enge Abflußloch auf dem
Wannengrund. Wahre Selbst-
mordmaschinen auf ihren

stummeligen Beinen, Warmwasserbetten mit
Platz genug für ein ein-
zelnes vögelndes Paar in

sovielen Wohnungen etwas wie eine Oase
voller nostalgischen
Schaums.

III

Glimpses & Glances

Du, allein

Du, allein mit der Geschichte im
Rücken, ›Zukunft‹ ist
schon zuviel gesagt, ein paar Wochen
im voraus (es gibt
keine Leere), dazwischen die

Augenblicke von Einssein mit dir
und den andern, die
seltsame Komik von Emigranten-
träumen in einer Zeit des
›alles erlaubt‹.

Eine Regung

Dieser flüchtige kleine Windstoß, Luft-
wirbelsekunde, als ein
verschreckter Sperling kurz
vor mir aufflog, schon

außer Sicht war und eins der
leichtesten Blätter folgte zer-
rissen in seinem Sog.

Anderswo

Einmal sah ich im Eis des Zwinger-
teichs festgefroren eine
geriffelte Wodkaflasche mit dem
Markenbild

›Brüllender Eisbär‹ auf blauem
Grund klar und still-
gelegt wie eine Sache, die man

als abgeschlossen betrachtet
bis sie nach Jahren plötzlich
sich anderswo
unverwandt zeigt.

Wärmeplastik nach Beuys

Erst als der geile Fliegenschwarm
aufstob in äußerster Panik
um seine Beute tanzte wie

eine Wolke von Elektronen mit
hohem Spin, sah man die beiden

Jungvögel nackt.

Es war Zwölf Uhr mittags und dieser
böse Zufall nichts
als eine Gleichgewichtsformel

für zwei gedunsene Madennester
wie Spiegeleier
leicht angebraten im Straßentiegel
aus Teer und Asphalt.

Notizblatt

Leere . . . mein Kopf ist nur Leere, ein
        ›Schwarzes Loch‹ an diesem
                        Sommernachts-
                            wendepunkt. Tabula rasa.

›Nichts geht mehr‹, heißt ein Gefühl
                    von allen Seiten fotografiert
      zu sein in Betrachtung der

Ameise, die einen toten Artgenossen
            vorüberschleppt (in einem
                        Augenblick über den Zeiten).

›Geh Hirn!‹ . . . Natürlich war es nicht das
                 was die gewitzten
                            Meister der Sung-Zeit

Satori nannten.

IV

Ohne Titel

Ein neues Gedicht hat
begonnen an diesem
Nebelmorgen von Garcia
Lorcas Ermordungstag. Eis
essende Kinder und alte
Männer mit komisch
geschwollenen Köpfen
begegnen uns auf der
Straße zum Standesamt wo

unser Kreuzschiff vom
Stapel gelassen wird ohne
das übliche Winken ganz
und gar ungeweiht aber
dennoch von allen bösen
Familiengeistern besetzt.

Wir hatten das Schweigen
gelernt mühlos vorm
Abend wie eine dunkle
Sehne zu spannen: man
sah uns nicht an wie
uns zumute war beim
Verlöschen der Ziele.
Westwärts zog ein Paar
kleiner Wolken, die

Stadt färbte den Himmel
über sich grau und
ich sagte, es hätte mir
Freude gemacht über
Müllhalden mit dir zu
schlendern. Du aber
trugst die verrückten
Schuhe: knallgelb und
wir hatten es eilig als
ein besonders kühler
Nieselregen begann.

Ein altes Thema

Es hilft nichts immer wenn es
um Mütter und ihre Säuglinge

geht kann ich kaum was dazu
beitragen. Irgendwie fehlt mir

zu diesem Thema Moral die
Gespräche darüber so recht erst
in familiären Schwung bringt.

Vielleicht genügt schon ein
ganz gewöhnlicher Einkauf

in einem Warenhaus . . . Kinder

laut schreiend durch diese
Neonhölle gezerrt gleich am

Eingang die Doppelreihe von
Kinderwagen in einem Lager-

raum abgestellt Lautsprecher-
aufrufe verirrter Kinder Roll-

treppenverfolgungsjagden und
Mütter die ihre Kinder als

Suchtorpedos in alle Etagen
abschießen. Einmal sah ich

ein weinendes Baby im Draht-
verhau eines Einkaufswagens

quäkend und strampelnd und
als die Mutter ihm einen

20 Mark-Schein gab wurde es
mit einemmal still beinah tod-

ernst und besah ihn sich
friedlich ... Im Alten China

hielten sie eigens für sowas
ein Schriftzeichen bereit:

Es bedeutete *lieben* und
war zusammengesetzt aus

den beiden Zeichen für eine
Frau und ein *Kind*.

Tauben

Typischer Fall von Mimikry: die vielen
Bahnhofstauben pickend zwischen
Resten Keks und Brot, Ölschlieren, Grus und

Koffern, festgewachsen auf den Gleisen
wie es scheint, an Oberleitungen und
aus derselben Gründerzeit, gußeisern

wie die Rippenbögen, Pfeiler, Kuppeln.

Hin und wieder löst sich eine, fliegt und
wirbelt Dreck am Boden auf, wo
wie in miesen Liebesfilmen Reisende

erstarrt vor Ankunftssehnsucht rauchen.

An J.

Alter, die Katzen nachts, diese giftig
schreienden Tiere erinnern mich heute
wieder an dich. Kaum zu glauben,
daß du genauso erbärmlich da draußen
um Liebe fauchst, dich erregst mit
zerbissenen Ohren in deiner Fellweste
struppig. Kein Hund

wäre so unvorsichtig wie du unterwegs
durch Europa in dem geklauten Wagen
allein unter den billigen Sternen, die
Knie eng angewinkelt beim Onanieren
in dieser herrlichen nervenkitzelnden
Irrenhaus-Nacht.

Kursiv

Dreizehnter November, vorm Mund stehen
Atemwölkchen und du bist per Anhalter
unterwegs nach Berlin, wachgestoßen vom
Sex eines elektroakustischen Mädchens
im Autoradio. Überholverbot. Zahlen zum
Tag des Chemiearbeiters (›Hört sich wie'n
Krimi an‹) und Erinnerungen an frühere
Fahrten. Rimbaud

der Gerechte! Amigo, was ist bloß schief
gegangen, daß sie uns derart zu Kindern
machen mit ihrer *Einsicht in die Notwendigkeit*, ihrer *Wachsenden Rolle des
Staates*? Die paar Verkehrskontrollen,
sagte er, bringen wir selber auf, aber der
Rest ist zuviel.

Fast ein Gesang

Alles fängt an kompliziert
zu werden
wenn dir das
Elefantengrau dieser Vor-
stadtmauern den
letzten Nerv
raubt für die Unmengen
freundlicher Augenblicke.
Dann geht plötzlich alles
schief
du bist nur noch
aufgelegt zu geduldigen
Elegien
montierst lustlos
ein bißchen an diesen
verbogenen Mobiles aus
Tele-
graphendrähten und altem
Gitterwerk –
traurig traurig:
nichts will mehr fliegen
nichts sich bewegen lassen
von einem leichten Wind.
Natürlich ist alles dann
nur noch ein Rinnsal
vor-

gestriger Freuden
du läufst
steif wie der
BRUDER DES
BLUTEGELS durch diese
langweiligen Straßen
weichst
Mülltonnen und Stapeln von
Bierkästen aus und vor all
diesen Abrißhäusern und
öden Garagenhöfen
Plakatschwarten an Litfaß-
säulen und
Schrebergärten
peinlich umzäunt bist du
die meiste Zeit
nichts als
ein drahtiger kleiner Statist
hin- und herbugsiert in den
Staffagen eines schäbigen
Vorstadtkinos
4 Jahrzehnte
nach diesem Krieg.
Klar daß
fast jedes Gedicht dir
vor Müdigkeit schlaff wie
ein loses Spruchband zum
Hals heraushängt:
dieser Vers

so gut wie ein anderer
hier
auf einer Grautonskala . . . Es gibt
keine Wölfe mehr nachts und
Asasels rauhes Gebell ist
das Taxihupen am Morgen. Der
Frühling ist dieser Urin-
gestank altersschwacher
Maschinensäle und
Herbst der
Asphaltglanz auf Dächern und
Ästen ein Netz haarfeiner
Risse zurückgelassen vom
Ascheregen quer über den
dreckigen Spiegelungen
des Lärms (d. h. natürlich nur
wenn du dich mies fühlst).
Ansonsten
geht wohl auch das.

Belebter Bach

mit alten Autoreifen, Glas,
Sperrmüll und der Attrappe
eines kleinen Wehrs

aus Zellophan und Schrott,
in dem inmitten Schaums
auf einem Ölfilm ausgesetzt

ein grüner Badefisch sich
zwischen Zweigen schaukelnd
leicht um seine Achse dreht.

Kommt
Wellen klaren Wassers, kommt.

Lokpumpe

Sieh, diese große rostige Pumpe
gußeisern und wie ein Galgen
oder ein Totemrohr fremd

zwischen den Gleisen, als wäre da
irgendein Regen . . . irgendein Todes . . .
Geheimnis in ihr.

Süßlich stinkend, in Wellen, schlägt
das Geschrei blutiger Fischschuppen
aus offnen Waggons mir ins Gesicht.

Der Regen läßt nach, wo ich friere.
Ich denke an Tlaloc, den Regengott,
Gott des Wassers im Alten Mexico –

Ich bin nicht hungrig, ich weiß,
die Bahnsteige hier liegen still.

Eine von diesen Harpyien

Pünktlich immer um dieselbe Zeit
nach Mitternacht hörst du im Bett

ein Stöckelschuhpaar draußen
vor dem Fenster im Alleingang

klappern
                    tak-tak-tak-tatak
nach jedem vierten Schritt ein

Auftakt langsam näher kommend
irgend so ein Stelzfuß (weiblich) mit

geschärften Krallen . . . während du
dich in den Laken duckst wie

vor dem Sprung erregt von diesem
aufgespreizten rhythmisierten
Klang. Doch sie (die Vogelfrau?

der Vamp? . . . die große Ralle?)

zieht gelassen weiter ihren Strich
mit der erotischen Mechanik einer

trägen Nähmaschine, die dich an
Normaluhrzifferblätter denken läßt:

›Als er noch einmal hinsah
war es 5 Minuten später.‹

Farbenlehre

Vom Fenster abgerutscht
mit dem Schienbein auf-
geschlagen am Gitterrand
einer Hortensienrabatte

sahst du zum erstenmal
deinen Knochen bloßgelegt
gelblichrot und wo kein
Blut war elfenbeinweiß.

So gesehen das weißt du
nun prägen sich Farben
besonders fest ein.

Olé

Sie fand sich in einem
Straßenbahntraum
ohne Notbremse gefangen
im trüben Licht
zwischen leeren Pilsner-
flaschen, Fetzen von
Packpapier, Kotzelachen

Konfetti und Plastik-
sitzen zu öd
darauf Platz zu nehmen:

sie war eine Spanierin
(schwarz von den
Strümpfen bis zur

Mantilla). Barfuß und mit

umwickeltem Zopf à la
Carmen wieder allein
(Aschermittwoch).

Geschwängert vom üblen

Mundgeruch des Soldaten,
dessen Ausgang ein
Reinfall war, stand sie

wie seekrank im letzten
Wagen und es war

fraglich wie sie da
wieder rauskam.

V

MonoLogische Gedichte

MonoLogisches Gedicht No. 1

Wenn dir was läuft plötzlich
als Katastrophe erscheint

bleib nochmal leicht. Sag es so
daß man am andern Ende das

klare Gefühl einfach nicht
loswird: Genauso wie der

hätte man's auch gesagt.

Es gibt heiße Medien und es
gibt kalte Medien Gedichte

egal in welchen Brüchen auf
was für Zeug immer GEDRUCKT

bleiben kalt (und wenn sie
noch so heißgekocht sind).

Dabei liegt Heiß und Kalt
oftmals gar nicht sehr weit

auseinander und manchmal
schlägt eins ins andere um:

Aus dem fauligsten Pathos
wird das belebende Sprudeln

der Luftblasen aus einer
Seele auf Tauchstation. Denn

was ist schon die Surrea-
listik der Ängste gegen die

maßlos zufälligen kleinen
Tricks eines Gedichts.

Monologisches Gedicht No. 2

Zwischendurch gibt es dann
manchmal Tage an denen

habe ich wieder Lust ein
Gedicht anzufangen der Art

wie sie noch immer nicht
sehr beliebt sind. Ich meine

eins ohne alle meta-
physischen Raffinessen oder

was als Ersatz neuerdings
dafür gilt . . . diese Tour

zynisch abzuknien vor dem
Stelzengang der Geschichte

oder gebrochenen Blicks im
harten Ost-West-Marathon
wie nur je ein verdammter

Schatten Dantes von Seiten-
stechen zu klagen. Gedichte

sagte mir neulich jemand

reizten ihn nur wenn sie
voller Überraschungen sind

aufgeschrieben in diesen
seltsamen Augenblicken da

irgendetwas noch Ungewisses
ein Tagtraum eine einzelne

Zeile von neuem anfängt und

dich verführt.

MonoLogisches Gedicht No. 4

Du verfolgst deine eigen-
sinnigen Pläne du stellst

die Bilder um ordnest die
Augenblicke aber du hörst

ihnen nicht zu wie sie
ganz anders ordnend ihre

eigensinnigen Pläne ver-
folgen wie sie die Bilder

umstellen zufällige Gesten
zeigen in denselben Räumen

sich anders bewegen bemüht
dir nicht zuzuhören. Das

ist der springende Punkt.

MonoLogisches Gedicht No. 5

Seltsam was mich noch immer
umhaut ist diese Plötz-

lichkeit mancher Augenblicke.
Z. B. das helle Blinken der

Bauchseite wenn ein Delphin
sich herumwirft und durch den

hochgehaltenen Reifen am Arm
der Dompteuse springt. Oder

der kalte Sekundenbruchteil

wenn eine 61er Bildröhre auf
einen Schlag implodiert und

dir erst über den Splittern
klarwird daß da immer schon

kein Gedächtnis war (was also
sollte verlöschen?). Vermutlich

kommt alles von dieser feind-
lichen Lichtung in deinen

Träumen dem schiefen Tableau
aller toten lebendigen Dinge

tagsüber abgedrängt in jene
diapositiven Regionen wo
jedes so unabänderlich wirkt

nicht wahr und trotz allem
kaum länger dauert als ein

paar tausend REM.

MonoLogisches Gedicht No. 13

(Lied)

Sieh genau hin, ehe sie dich
für blöd verkaufen.
Amigo, die klarste

Einsicht liegt in der Luft.
Du mußt nicht
schneller sein oder cleverer.
(Das gehört hier dazu.)

Geschäftigsein macht sich
bezahlt (und scheint besser
als Glücklichsein). In den
Stunden der Unter-

haltung bleibt noch die
raschelnde Zwietracht
von Konkurrenten, das

Dickicht enttäuschter Blicke.

In toten Studios Tonband-
zirpen zu den kopierten
Gesten, ansonsten
Gesichter wie auf –

geschlagene Zeitungen voller
Kommuniqués und Sehn-

sucht nach Televisionen am
Abend und dem
Betrug einer Hand

über den Körper gleitend
wie über Metall.

VI

Perpetuum Mobile

Ende der Eiszeit . . . (ein Film?): Tschuang-tse
trifft Ezra Pound im Hades
und schlägt ein Kreuz über ihm.

Die Glücksgötter grinsen, die neuen Menschen
blinzeln träg in die Sonne.
Niemand mehr träumt den Traum

von einem Zeitalter, in dem die Maschinen
Köpfe tragen an ihrem Platz
zwischen Pflanze und Tier.
....

Im Handumdrehn aus dem Lärm einer Stadt
fliegst du als Zeitpfeil
durch den Science-fiction-Spiegel

hinaus in das galaktische Schweigen der
Dichter des Tao.

INHALT